NÃO NEM NADA

Vinicius Calderoni

NÃO NEM NADA

Coleção Dramaturgia

Cobogó

SUMÁRIO

As coisas dentro das coisas dentro das coisas,
por Vinicius Calderoni   7

NÃO NEM NADA   11

A invenção do teatro, por Aderbal Freire-Filho   67

As coisas dentro das coisas dentro das coisas

(Enquanto a metáfora de bonecas russas para falar de camadas interiores não é interditada, é difícil resistir a essa tentação, confesso.)

Sem interdições, *Não nem nada* é isto: atores-jogadores sobre o palco-ginásio/tabuleiro; a crença no poder da fala de instaurar e desfazer universos; a adesão à dimensão possível do teatro como jogo lúdico, cujas regras e dispositivos se reconstroem cena a cena — agora eu era o herói e o meu cavalo só falava inglês; a voz, o corpo e a energia vital desses atores como veículo e como cenografia viva: atores como táxis.

(Lembro de minha professora de filosofia no primeiro colegial dizendo que o *status quo* era como aquela fina película que protege o catupiry dentro da embalagem. Você pensa que a faca está cortando o catupiry, mas antes há aquela película invisível. Você pensa que a faca está cortando a realidade, mas antes há o *status quo*. Eu adoro essa metáfora.)

As ideias precisam de carne para se distinguirem das bolhas de sabão, razão pela qual não poderia esquecer de Geraldo Rodrigues, Mayara Constantino, Renata Gaspar e Victor Mendes, atores magníficos e amigos para toda vida que, na condição do elenco original da encenação do meu primeiro texto para teatro – este que está em suas mãos –, ampliaram estas palavras em potentes direções que jamais poderia sonhar e supor. (Sem esquecer de Guilherme Magon, amigo de fé, irmão camarada, que ajudou a pavimentar uma estrada por onde esses atores pudessem trafegar e a procurar maneiras para tornar esses atores veículos destas palavras.)

(Hannah Arendt identifica, em determinado ponto de sua obra extensa e monumental, a natalidade como o fator mais revolucionário dentro da história da humanidade. A paráfrase é imprecisa, mas o espírito é esse.)

Numa noite de setembro de 2010, Rafael Gomes quis fundar uma companhia de teatro comigo e eu me perguntei de que maneira poderia dizer sim mil vezes. Poucos meses depois, Rafael sorriu e aprovou quando eu mostrei a ele uma anotação manuscrita numa pequena caderneta onde se lia *Não nem nada* e perguntei: "Não é um bom nome para uma primeira peça?". Lá se vão quase sete anos de casamento artístico e tantos projetos e desejos que precisaremos de pelo menos mais uns setenta para realizar. Foi meu jeito de dizer sim mil vezes. (Sem esquecer de Isabel Sachs, cuja presença neste projeto, e em minha vida, faz com que eu me lembre dos presentes maravilhosos que o acaso pode nos dar, se a gente sabe olhar, reconhecer e cultivar dali por diante.)

(Penso no médico que fez meu parto, o Dr. Jaime Goelzer. E no dia em que assisti *O que diz Molero*, dirigido por Aderbal Freire-Filho. E na primeira aula em que vi e ouvi Roberto Alvim falando.)

Olhando agora, penso que *Não nem nada* é um grito coral polifônico, um concerto sinfônico camerístico de caos ordenado, um texto/espetáculo em plano-sequência historicamente situado entre as coisas que existiam antes de nós e as coisas que serão criadas depois que morrermos, num momento frágil do tempo que podemos chamar de "este exato instante" – que nunca mais vai se repetir e é completamente insuficiente.

(Um parque de diversões abandonado. À direita, uma velha roda-gigante; à esquerda, um carrossel enferrujado; e, logo adiante, uma casa de espelhos. Você entra e se vê gordo depois muito magro e alto, depois com um pescoço de girafa, depois com o rosto desfigurado e assim por diante. Em todos os reflexos, contudo, o resíduo de uma figura extremamente familiar na qual você aprendeu a se reconhecer.)

Com a alegria de quem compartilha a fugacidade milagrosa deste tempo e espaço, espero que haja (tenha havido?) prazer neste trajeto.

(Você sai da casa de espelhos e repara numa montanha-russa abandonada. Liga o quadro de força e vê que ela ainda funciona. Você entra no carrinho e fecha a trava de segurança.)

Acho que é mais ou menos isso.

(A montanha-russa começa a andar.)

Sem interdições.

Vinicius Calderoni
Agosto de 2014, revisitado em junho de 2017

NÃO NEM NADA

ou
TEATRO PLANO-SEQUÊNCIA
ou
ANOTAÇÕES DESENCONTRADAS
SOBRE UM MUNDO MOVEDIÇO
ou
O PALCO COMO CAIXA DE PANDORA
ou
TODO MUNDO QUER TER VOZ

de **Vinicius Calderoni**

Tempo: ontem, hoje e amanhã
Espaço: dentro e fora

Não nem nada estreou em 29 de agosto de 2014, no Teatro do Núcleo Experimental, em São Paulo.

Texto e direção
Vinicius Calderoni

Codireção
Rafael Gomes

Elenco da produção original
Geraldo Rodrigues
Mayara Constantino
Renata Gaspar
Victor Mendes

Assistência de direção
Guilherme Magon

Cenografia
Valentina Soares e Wagner Antônio

Figurino
Valentina Soares

Iluminação
Robson Lima e Wagner Antônio

Direção de movimento
Fabrício Licursi

Direção de produção
César Ramos e Gustavo Sanna

Produção executiva
Isabel Sachs

Realização
Empório de Teatro Sortido

1.

Um táxi.

Um táxi vazio.

Um táxi que transporta o amor da minha vida.

Um táxi logo depois de deixar o amor da minha vida em seu destino, voltando a ser apenas um táxi vazio.

Um táxi vazio no meio da madrugada, quando eu sinto medo de estar só numa avenida desconhecida.

Um táxi esperando num ponto ensolarado, em frente ao lugar onde trabalho.

Uma rua.

Uma rua residencial e tranquila.

Uma rua residencial onde mora o médico que fez meu parto.

O médico que fez meu parto, que mora nessa rua tranquila e agora é um senhor de idade, e que fez tantos outros partos e deixou tantas pessoas gratas.

O médico que fez meu parto e suas ex-mulheres e um filho marceneiro que ele não reconhece.

O pai do médico que fez meu parto, que foi um ex--oficial nazista.

O avô do médico que fez meu parto, que era médico também, na Alemanha, e salvou muitas vidas.

O médico que fez meu parto deitado na cama de sua casa numa rua tranquila, em seu leito de morte.

As coisas que existiam antes de nós.

As coisas que serão criadas depois que morrermos.

A terra que será adubada por nosso corpo em decomposição.

Este exato instante, que nunca mais vai se repetir e é completamente insuficiente.

Um menino de seis anos de idade acha uma centopeia no canteiro de sua casa.

Calmamente, abre a barriga da centopeia, que esperneia sua centena de patas num esforço inútil.

Dentro da centopeia, encontra um chip que processa material inorgânico.

As coisas,

dentro das coisas,

dentro das coisas.

Postado por Ninguém às 11h32.

2.

Irrompe SÉRGIO.

SÉRGIO: Caríssimo, obrigado por repassar o texto. Achei leve, agradável, gostoso de ler. Vou reencaminhar pros meus amigos agora mesmo. E boa sorte pra você...

Irrompe JULIO.

JULIO: Vaca.

SÉRGIO: Eu te avisei.

JULIO: Essa vadia acha que eu sou otário, mas ela que espere, vamos ver quem vai rir por último.

SÉRGIO: Te avisei que era filha da puta. E boa sorte pra você em seus textos e escritos.

JULIO: Ela vai se arrepender de ter nascido.

Irrompe LARA.

LARA: E esse, já viu?

SÉRGIO: Só não vai fazer merda, hein. Ainda não vi.

Irrompe PAULA fazendo GIOVANA/MÃE DE GIOVANA.

MÃE DE GIOVANA/PAULA: (...) Giovana, canta uma música pra mamãe?

GIOVANA/PAULA: De novo?

MÃE DE GIOVANA/PAULA: Canta, canta aquela da Waleska pra mamãe!

GIOVANA/PAULA: "Beijinho no ônibus, o recalque passa longe..." puta!

MÃE DE GIOVANA/PAULA: Giovana!

JULIO: Sou capaz de arrancar o fígado dessa vaca e comer ele cru.

SÉRGIO: Huahuahuahuahuahua, muito bom.

LARA: Não é fofo?

JULIO: Descubro onde mora o marido dela e mando alguém lá, só pra dar um susto nele.

SÉRGIO: Muito fofo. Isso dá cadeia. E esse, você já viu?

Irrompem o REPÓRTER e o CIDADÃO.

REPÓRTER/JULIO: *E o que o senhor, cidadão, está achando de toda essa situação* eu mesmo sou capaz de descobrir onde essa vaca mora.

CIDADÃO/PAULA: Mudava pra melhor, com certeza, que diz que ia mudar pra melhor, já tava bom, diz que ia mudar pra melhor, não tava muito bom, tava meio ruim também, tava ruim, agora parece que piorou.

LARA: Muito bom! Eu já tinha visto. Camisola. Curta, de renda.

PAULA: Eu quero encostar na sua pele macia, eu quero te beijar dos pés à cabeça.

SERGIO: Relaxa aí, toma um uísque, assiste uma tv... Oi mãe! E esse texto, você já leu?

JULIO: Um táxi. Um táxi vazio. Um táxi que transporta o amor da minha vida.

LARA: Um táxi logo depois de deixar o amor da minha vida em seu destino, voltando a ser um táxi vazio. Eu quero morder esses seus lábios carnudos até sair sangue.

PAULA: Por que você não tira sua roupa?

SERGIO: Eu não tô te ouvindo, mãe, a ligação tá horrível.

JULIO: Nunca tem nada que preste na televisão.

PAULA: Por favor, o telefone é 7675-6060. *Por que você* pode ser um yakissoba de legumes *não tira uma foto pelada* e um suco de goiaba light *e me manda?*

SERGIO: Não vai ver o jogo? Onde?!

JULIO: Essa novela é uma merda.

SERGIO: Isso é uma ordem, Jessica.

LARA: Papai, eu sinto muito, mas agora eu preciso seguir o meu coração.

SERGIO: Se você fizer isso, você nunca mais pisa nessa casa. Mãe, tá difícil, a ligação tá cortando.

LARA: Se a minha felicidade é fora dessa casa, então você vai precisar de dois dentes de alho, pimenta do reino e sal a gosto e azeite de oliva ou manteiga... Conta pra gente esse babado fortíssimo, rolou ou não rolou pegação com aquele bofe?

JULIO: Em qual canal vai passar o jogo?

PAULA: Eu quero muito te chupar. Crédito.

LARA: As coisas que serão criadas depois que morrermos. Me chupa.

SERGIO: Já tinha lido? Acho que é no 76. Como assim tá perdida, mãe? Você não pode parar e perguntar pra alguém onde você tá?

LARA: As coisas dentro das coisas, dentro das coisas.

JULIO: Não, o 76 é o jornal.

3.

— (...) o que está em jogo aqui é a credibilidade dos nossos parlamentares, a capacidade dos nossos gestores de conduzir de maneira austera, a despeito do descrédito da opinião pública em geral. Os grandes administradores aparecem precisamente nesses momentos de tormenta e incerteza, nunca de calmaria. De minha parte, posso assegurar que meu compromisso como representante democraticamente eleito (...)

— (...) alternativas sustentáveis. Estamos falando aqui de fontes de energia renováveis, que podem estancar a sangria desatada do esgotamento predatório dos recursos naturais do nosso planeta. Estimativas apontam que o petróleo pode se esgotar em cinquenta anos, e pode haver falta de água potável em cerca de trinta anos. Mas existem medidas simples que podem ajudar a preservar o nosso planeta. Vamos lá, tome nota: evite banhos demorados (...)

— (...) os primeiros passos de seu filho, o seu time sendo campeão, aquela viagem dos seus sonhos: tem várias coisas que ninguém pode fazer por você. É por essas e outras que o nosso banco tem o melhor atendimento, pra garantir a você (...)

— (...) e vocês podem ter certeza de que esse é um momento único na história desse país, que marca o início da construção (...)

— (...) nessa iniciativa maravilhosa que prevê a diminuição da desigualdade social através da inclusão digital de várias comunidades carentes (...)

— (...) o importante é que cada um faça sua parte (...)

— (...) nossa missão é fazer você feliz (...)

— (...) mantimentos e doações para as vítimas das enchentes reuniu figuras importantes em torno dessa nobre causa como a modelo e atriz (...)

— (...) o sonho com um mundo mais justo, com emprego, saúde, educação, lazer e moradia: nosso partido acredita (...)

— (...) a criação de uma agenda sustentável (...)

— (...) o derretimento das calotas polares (...)

— (...) segurança e conforto, agora mais perto de você (...)

— (...) você merece esse prazer.

Começa uma costura de fragmentos de frases, com uma alternância própria dos jograis e sentido rítmico acentuado.

— Obrigada por ligar. Para a sua segurança, sua ligação será gravada.

— (...) um momento único na história deste país, que marca a construção (...)

— (...) do esgotamento predatório dos recursos naturais do nosso planeta (...)

— (...) o importante é que cada um faça sua parte (...)

— (...) é por essas e outras que nosso banco tem o melhor atendimento, pra garantir a você (...)

— (...) o derretimento das calotas polares (...)

— Nossos ramais estão ocupados. O tempo de espera para o atendimento é de

dois

minutos.

— (...) estimativas apontam que pode faltar água potável em cerca de trinta anos, (...)

— (...) nessa iniciativa maravilhosa que prevê (...)

— (...) o descrédito da opinião pública (...)

— (...) com um mundo mais justo com educação, saúde, lazer e moradia (...)

— (...) tem várias coisas que ninguém pode fazer por você (...)

— (...) a capacidade dos nossos gestores de conduzir de maneira austera (...)

— Nossos ramais estão ocupados. O tempo de espera é de

um

minuto.

— (...) nossa missão é fazer (...)

— (...) momentos de tormenta e incerteza, nunca de calmaria (...)

— (...) mas existem medidas simples que podem ajudar a preservar (...)

— (...) a desigualdade social (...)

— (...) das vítimas das enchentes (...)

— (...) o importante é que cada um faça sua parte (...)

— (...) aquela viagem dos seus sonhos (...)

— (...) como representante democraticamente eleito (...)

— O tempo de espera é de

trinta

segundos.

Aceleração do ritmo da costura das frases.

— (...) o derretimento (...)

— (...) dos mantimentos e doações para as vítimas das enchentes (...)

— (...) pra garantir a você (...)

— (...) a sangria desatada (...)

— (...) dez (...)

— (...) e vocês podem ter certeza (...)

— (...) segundos (...)

— (...) o que está em jogo aqui (...)

— (...) sua ligação está sendo transferida (...)

— (...) é fazer você feliz.

4.

Irrompe CÉLIA CAMPOS, a atendente de telemarketing mutante.

CÉLIA CAMPOS: Célia Campos, em que posso ajudar?

Irrompe AGENOR, o cliente.

AGENOR: Vocês só podem estar de brincadeira, é a oitava vez que me transferem e agora inventam essa do número da fatura! Quem é seu supervisor?

CÉLIA CAMPOS: Infelizmente sem o número da fatura não há nada que eu possa fazer, senhor.

AGENOR: E eu faço o quê?

CÉLIA CAMPOS: No caso, eu não saberia dizer, senhor.

AGENOR: Então tá. Eu pago minhas contas em dia e é isso que vocês me dão em troca? E ela: [*imitando a atendente com escárnio*] "Senhor, infelizmente eu não posso ajudar." Ah, então tá ótimo, o que você sugere, minha querida? [*novamente imitando a atendente*] "No caso, é o senhor quem sabe." Mas como eu posso saber, se eu estou perguntando?

CÉLIA CAMPOS: Isso eu não vou saber te informar, senhor. [*imita o cliente com escárnio*] "Ah, então é complicado, porque se você não sabe, não sei o que, como é que fica?" Bom, senhor, eu recomendo que o senhor volte então às nossas lojas autorizadas, onde vão poder te orientar melhor. [*imitando o cliente*] "Então tá, da loja pra cá, de cá pra loja, é você que é burra..." Não. [*imitando novamente*] "É você que é burra ou eu sou idiota?" Senhor, não há necessidade de usar esses termos. O senhor compreende que estou fazendo tudo o que está ao meu alcance para resolver o problema do senhor? [*imitando com escárnio*] "Eu não tenho que entender nada, você tá aqui pra resolver meu problema e ponto final."

AGENOR: Não foi nada disso. Na verdade, eu disse: "Eu entendo, mas será que você me entende?" E você: [*imitando*] "Senhor, infelizmente, não sei das quantas..."

CÉLIA CAMPOS: Você fala como se eu fosse uma retardada mental.

AGENOR: Na verdade é você que age como alguém incapaz de me ouvir.

Pausa.

CÉLIA CAMPOS: Senhor, infelizmente o supervisor não se encontra.

AGENOR: E com quem eu posso falar que resolva o meu problema?

CÉLIA CAMPOS: Se o senhor quiser falar com o supervisor, então pode ligar amanhã no horário comercial, das nove às dezoito.

AGENOR: Então nós dois vamos ficar aqui, em silêncio, esperando até que o supervisor apareça por aí e possa resolver meu problema, combinado? [*imitando a atendente*] "Mas senhor, como que..." Não tem mais nem menos, mas é isso e ponto!

CÉLIA CAMPOS: [*imitando com escárnio o cliente*] "Não tem mais nem menos, mas é isso e ponto!". Daí eu peguei e disse: "Senhor, recomendo que o senhor volte a ligar amanhã..."

AGENOR: [*imitando Célia*] "Só amanhã mesmo, senhor." Daí eu peguei e falei: "Tudo bem, não tem problema, estou sem pressa, vai ser um prazer esperar até amanhã." Daí ela ficou louca, pegou e falou: [*imitando Célia*] "Mas, senhor, eu não posso fazer isso!"

CÉLIA CAMPOS: Então você não me dá escolha, eu vou ter mesmo que acionar o Procon.

AGENOR: Mas senhor, sem o número da fatura eu não tenho mesmo como acionar o sistema.

CÉLIA CAMPOS: Sem pressa. Acho que vou abrir um vinho, está servida?

AGENOR: Senhor...

CÉLIA CAMPOS: Vai ser um prazer passar esta noite em sua companhia.

Pausa de 45 segundos, na qual caiba a cumplicidade de uma noite em silêncio.

AGENOR: Nesses silêncios profundos, a sensação do tempo se torna muito difusa.

CÉLIA CAMPOS: No começo pareceu um completo absurdo, mas depois, de um jeito estranho, eu comecei a gostar daquilo tudo.

AGENOR: Impossível precisar por quanto tempo estivemos ali.

CÉLIA CAMPOS: Eu poderia ficar por horas.

AGENOR: É um absurdo um cidadão exemplar como eu não poder ser atendido em uma necessidade tão básica quanto essa.

CÉLIA CAMPOS: Senhor, é muito bom ouvir o som da sua respiração.

AGENOR: Sua voz é muito bonita. Por que você não diz alguma palavra pra eu poder te ouvir?

CÉLIA CAMPOS: [*calmamente*] Você é um escroto.

AGENOR: [*calmamente*] O que foi que você disse, sua vadia?

CÉLIA CAMPOS: Você é um escroto e eu te amo muito.

AGENOR: Você é mesmo uma retardada com quem eu quero passar o resto da minha vida.

CÉLIA CAMPOS: Eu tenho nojo de você que é a pessoa mais maravilhosa que eu já conheci.

AGENOR: Tudo que você diz é música pros meus ouvidos, um monte de frases feitas mal ensaiadas de uma imbecil.

CÉLIA CAMPOS: Perto de você eu sou feliz, eu quero que você se foda.

AGENOR: Minha mãe sempre dizia que você só descobre que ama alguém quando é capaz de ficar em silêncio ao lado dela por que você não fecha essa matraca sua vaca?

CÉLIA CAMPOS: Meu supervisor acabou de chegar, quer que eu transfira a ligação?

AGENOR: E foi assim, doutor, que nós nos casamos.

5.

Irrompe MÉDICO.

MÉDICO: É uma bela história. Mas que ventos os trazem?

AGENOR: Eu nem sei por onde começar.

MÉDICO: Desde quando você não sabe por onde começar?

AGENOR: Não, o problema não é esse.

MÉDICO: Você fuma?

AGENOR: Não.

MÉDICO: Faz exercícios físicos regulares?

AGENOR: Não.

MÉDICO: Quantas horas dorme por noite, em média?

AGENOR: Eu não sei dizer ao certo.

MÉDICO: Aproximadamente...?

AGENOR: Cinco, seis horas no máximo.

MÉDICO: E tem apresentado esse problema de não saber por onde começar.

AGENOR: Esse não era exatamente o problema, quer dizer, talvez seja, mas não o problema que me trouxe aqui.

MÉDICO: Entendo. Intestino funciona regularmente?

AGENOR: Acredito que sim.

MÉDICO: Acredita?

AGENOR: Como?

MÉDICO: Acredita?

AGENOR: Em quê?

MÉDICO: Eu pediria que respondesse sem pensar muito, me interessam as respostas espontâneas.

AGENOR: Ah, tá. Bom, acredito.

MÉDICO: Que ótimo. Crer é o caminho mais curto até a cura.

AGENOR: Eu estou doente?

MÉDICO: A minha primeira hipótese é a de que você está curado. A segunda só poderá ser aferida após realizarmos a biópsia de seu rim.

AGENOR: É por isso que esses homens de máscara e avental estão abrindo minha barriga?

MÉDICO: Exatamente. Mas não se preocupe, não vai doer nada, podemos inclusive ir conversando enquanto isso.

AGENOR: Conversando?

MÉDICO: Por exemplo, você não me disse qual é seu problema.

AGENOR: É difícil de explicar.

MÉDICO: Desde quando é difícil?

AGENOR: Eu escuto vozes.

MÉDICO: Vozes?

AGENOR: Elas não saem da minha cabeça, nem um minuto.

MÉDICO: E o que elas dizem?

AGENOR: Muitas coisas diferentes, que eu não saberia reproduzir. Isso que o seu assistente está mastigando é um pedaço do meu rim?

MÉDICO: É um procedimento de rotina. Você dizia?

AGENOR: É como se uma multidão andasse comigo onde eu fosse. Eles dizem coisas desencontradas, eles sabem meu nome e o que eu faço, eles sabem onde eu moro e eu não sei nada sobre eles, nem o que eles querem.

MÉDICO: Mas você, o que você quer?

AGENOR: O que isso significa?

MÉDICO: Nada. Eu apenas achei que soaria bem.

AGENOR: Eles querem governar minha vida, eles entram nas minhas ideias e nas coisas que eu digo. Eles mudam os planos do meu fim de semana e as cores dos dias na minha memória. Eles riem alto e engasgam com a bebida, vomitam no meu tapete e sabem a senha do meu banco. Eles são meus inquilinos à revelia, eles fazem festas quando eu preciso de silêncio e nunca pagam o aluguel. Eles precisam de mim pra existir e sabem onde me encontrar quando eu fujo. Eles precisam de mim pra ter voz **um moreno alto com a cara meio engraçada** entram nas conversas daí o Fabio ficou puto e foi falar com o tal advogado tomam decisões por mim helloooo? vai dar uma de ciumento agora?

MÉDICO: Tem muitos nós de tensão no seu trapézio. Se importa se eu usar óleo de amêndoas enquanto o podólogo não chega?

AGENOR: Às vezes eu tento ver as coisas pelo lado bom meu irmão é um vagabundo, só quer beber e pegar mulher um dia vai pegar sífilis o desgraçado e penso que talvez eles possam me poupar da solidão toda vez eu digo e você finge que não me ouve agora você que se vire mas é pior, como eu fosse a ovelha negra de um rebanho de ovelhinhas pálidas e raquíticas que não param de nascer **leva aí um Rivotril, é amostra grátis. Ele corta a ansiedade e dá um relax pra não te deixar baqueadão** e eu não sei de onde eles vêm, mas eles chegam aos milhares, todos os dias, com todos os pertences mal cabendo em suas minúsculas malas de mão desculpe, foi engano VOCÊ SABE COM QUEM ESTÁ FALANDO? **será que você poderia repetir?** talvez vindos de um país distante ou da casa ao lado, e chegam sem cerimônia, destrancando as portas e janelas **promete que vai ser minha para sempre?** você chama de amor mas na verdade é apenas dependência se amontoam nos espaços vazios, elevam a níveis astronômicos a capacidade de cada cômodo, um exército de bugigangas num depósito de quinquilharias, **primeiro: reggae não se dança assim; segundo: isso não é reggae,** VOCÊ SABE COM QUEM ESTÁ FALANDO? eles dependem totalmente de mim VOCÊ SABE COM QUEM ESTÁ FALANDO? que eu os ponha para dormir e dê de comer e precisam que eu os acorde toda manhã e os ponha na cama à noite VOCÊ SABE COM QUEM ESTÁ FALANDO? é como se eu vivesse pra eles e eles vivessem através de mim e talvez seja só uma impressão mas VOCÊ SABE às vezes, doutor, eu penso COM QUEM que talvez ESTÁ FALANDO?

eles sejam

                                            como

               eu

                         seja

      eles.

Pausa.

MÉDICO: Não se preocupe, isso que te ocorreu é muito comum. Nós chamamos em linguagem médica de parada cardíaca. Sabe dizer se isso tem te acontecido com frequência? Se lembra de outros casos na família?

AGENOR: Obrigado doutor, o que seria de mim sem o senhor?

MÉDICO: Nada com que se preocupar, não é nada grave. Esse é o seu jazigo no bosque das flores. Um recanto pacífico e arborizado de onde se pode ouvir com tranquilidade o canto dos pássaros. Uma pena que não tenham feito um campo de golfe.

AGENOR: É lindo. Seria perfeito se ficasse mais perto do meu trabalho.

MÉDICO: Você não me disse qual é o seu trabalho.

AGENOR: Eu sou corretor de imóveis.

MÉDICO: E você?

AGENOR: Eu sou técnico em informática.

MÉDICO: E você?

AGENOR: VOCÊ SABE COM QUEM ESTÁ FALANDO?

MÉDICO: Mas você ainda não me disse qual é sua profissão.

6.

Irrompe JOGADOR DE FUTEBOL.

JOGADOR DE FUTEBOL: Eu sou um famoso jogador de futebol, ídolo das multidões que venceu uma série de adversidades e superou as privações de uma infância pobre para se tornar uma inspiração para os jovens.

CANTOR: Eu sou um cantor de pop romântico e tenho atraído multidões aos meus concertos. Nessa edição eu abro as portas de minha nova casa e declaro: "Estou na melhor fase da minha vida."

CASAL: Eu sou um belo casal de jovens namorados da alta sociedade. Ele é alto e belo, sócio de várias casas noturnas da badalada noite paulistana, disputa provas de triatlo e mantém a barriga tanquinho com séries diárias de quinhentos abdominais. Ela acha importante ressaltar que as fotos do ensaio ficaram super artísticas e nada vulgares, mas não sabe se faria de novo. Nós estamos nos casando nesse suntuoso castelo medieval no sul da Itália, em meio a vários convidados ilustres. Clique aqui para ver a galeria de fotos.

EX-INTEGRANTE DE REALITY: Eu acabei de sair do confinamento, e acho que ainda é cedo pra saber se o romance que eu tive com o Gabriel dentro da casa vai continuar aqui fora. "Agora é torcer e esperar", é o que eu digo enquanto mostro bom humor e descontração num lançamento de uma marca de isotônicos numa boate do Leblon.

JOGADOR DE FUTEBOL: Na página 57 está a matéria que cobre o lançamento do meu Instituto, que vai incentivar e promover uma série de atividades esportivas para crianças de comunidades carentes, além de prover estudo e assistência médica. "Tá na escola, tá na bola" é o nosso lema. A chamada da matéria diz: "Noite de solidariedade emociona famosos."

CANTOR: Nas páginas 74 e 75, eu brinco com Hannah Montana, minha serelepe golden retriever de dois anos de idade, tomo uma vitamina de abacate em minha cozinha industrial, e conto para a reportagem, de dentro do meu ofurô: "Tá difícil de encontrar o amor com tanto trabalho. Mas não tenho pressa e sei que vai chegar na hora certa." Foi isso que eu disse, de bem com a vida.

CASAL: Nós dois passeamos em Veneza. "O clima dessa cidade é a cara do nosso amor", é o que ele diz. Na verdade, é o que ela diz, e ele concorda. Nós dois na gôndola, depois à mesa, num delicioso jantar mediterrâneo.

EX-INTEGRANTE DO REALITY: É muita pressão que a gente vive lá dentro, é o que eu digo, me referindo aos dias de reality. Agora, minha cabeça é descansar e estudar propostas. Foto no rodapé: comendo melancia de biquíni.

JOGADOR DE FUTEBOL: Nós todos nos encontramos no camarim do show do Cantor de Pop Romântico, do qual somos todos muito fãs.

EX-INTEGRANTE DO REALITY: [*para o jogador de futebol*] Cara, você é um exemplo de vida.

CANTOR: E você é uma guerreira. E vocês: quando eu for me casar, quero que sejam meus padrinhos.

CASAL: Claro que sim, nós nunca vamos esquecer do presente que nos deu cantando em nosso casamento.

JOGADOR DE FUTEBOL: Num tabloide sensacionalista, uma loira siliconada exige que eu faça o teste de paternidade para comprovar que sou pai de seu filho, que tem oito meses e a quem ela deu meu nome acrescido de "Junior". A reportagem tentou contato, mas meu celular estava desligado.

CANTOR: "Estou com a cabeça tranquila", eu digo ao sair da delegacia onde fui prestar depoimento sobre a queixa feita por um paparazzo de que eu o teria agredido. Na foto abaixo, fãs levam faixas e cartas de apoio. "São vocês que me dão força para superar essas acusações injustas", esse sou eu dizendo, e podem apostar que eu estou emocionado.

CASAL: Em um comunicado da assessoria de imprensa declaramos incompatibilidade de agendas, mas ele é uma pessoa maravilhosa e a amizade continua e ela sempre será o grande amor da minha vida. Ela numa foto dentro de um mosteiro no Nepal, meditando com os olhinhos fechados, em busca de autoconhecimento, e ele numa foto em baixíssima definição num restaurante japonês com uma misteriosa nova acompanhante. Ela numa clínica particular e um comunicado da assessoria de imprensa desmentindo os rumores de tentativa de suicídio.

EX-INTEGRANTE DO REALITY: Na página 89 da nova edição, uma foto minha recebendo o carinho de amigos na minha estreia como atriz nos palcos. Da esquerda pra direita: Bruno Bittencourt, Miranda Maria, eu e Laurinha Escobar. Pairando acima de nossas cabeças: a morte.

JOGADOR: Camarote da Sapucaí, Carnaval do Rio. Eles pedem pra que eu vista a camiseta do patrocinador. Na camiseta, eu leio a palavra patrocínio, escrita em letras grandes.

Patrocínio.

pa

tro cí

ni

o

patro cí

nio

pa

trocínio

patro cínio.

"O que você está achando dessa festa linda?",
pergunta o repórter.

Não é uma palavra estranha? Pa tro cí nio?

CANTOR: O apresentador me entrega o disco de platina.
Eu me vejo refletido na imagem distorcida da
superfície do disco. É o rosto de um monstro.

CASAL: Ela passeando com seu poodle toy nos Jardins.
"Sua vagabunda, eu quero que você morra."
Não fala assim da mamãe, bebê. "Você acha
que eu tô feliz, sua vadia?" Assim a mamãe fica
triste.

JOGADOR: Ca ma rote.

Ca

ma

ro

te.

Cama

rote.

Camarote.

EX-INTEGRANTE: Minha mãe sentada na plateia do desfile de uma marca de biquínis. Essa é a cara da mulher que é minha mãe, mas é um rosto estranho de uma pessoa com quem eu me acostumei, o rosto estranho de uma mulher estranha. "Sou a mãe mais coruja do mundo", essa é a frase que ela diz. O rosto estranho de uma mulher estranha, a minha mãe.

CANTOR: Existem mais bactérias dentro de nossa flora intestinal do que a população inteira do mundo. Tenho certeza de que o amor vai chegar na hora certa.

CASAL: Ele se casa novamente. Vamos abrir a fabriquinha, queremos pelo menos dois meninos e duas meninas. Uma bomba-relógio dentro da barriga de um bebê.

JOGADOR: Car na val.

Carna val.

EX-INTEGRANTE: Galeria de fotos. Da esquerda pra direita: eu praticando o vômito bulímico.

CASAL: Eu tossindo sangue.

CANTOR: Uma perna gangrenada numa foto de um maço de cigarros.

EX-INTEGRANTE: Os produtores de um reality show ligam pra cada um de nós.

CANTOR: O último que morrer vence.

CASAL: Prêmio: comer o corpo dos competidores derrotados.

JOGADOR: Um rato morto boiando na água de uma enchente.

Amo muito o que faço.

EX-INTEGRANTE: Bosta de cachorro no chão da suíte principal de um castelo medieval em Estrasburgo.

Estou muito feliz com meu corpo.

CASAL: Uma pedra rolando de uma encosta e esmigalhando um ninho de pardais.

Encontrei minha paz espiritual.

CANTOR: Uma criança fura o olho de um cachorro com uma agulha de crochê. O cachorro morde a jugular da criança.

Estou na melhor fase da minha vida.

7.

— Um casal dentro de um carro esporte conversível. Eles são lindos. Ele dirige com velocidade e dá um cavalo de pau pra encaixar seu carro na vaga.

— Inserir slogan aqui.

— Eles saem do carro e caminham até o hall de entrada de um hotel luxuoso.

— Visite nossos quartos. Suítes a partir de 450 reais.

— Eles se beijam cinematograficamente no hall em plano fechado.

— Ok, metade do quadro ocupado por eles, metade pelo logo do patrocinador. Mas tem que dar pra ler o nome, tô avisando.

— Então ele diz pra ela.

— Então eu digo pra você.

— Então você me diz.

— Esse shampoo ativou o brilho dos seus cabelos, veja como eles estão sedosos.

— Que tal um drinque feito com essa deliciosa vodca?

— Essa jaqueta cai tão bem em você.

— Então você diz.

— Eu te amo.

— É isso mesmo? Tem certeza?

— Não seria melhor: "Amo tudo em você?"

— Ou talvez: "O que você está esperando pra encontrar o seu amor?"

— Amor: encontre o seu.

— Não se esqueça de que se trata de um reposicionamento de marca.

— Como demonstra esse gráfico, os consumidores de 12 a 25 anos tendem a ver o amor como um artigo anacrônico e desprovido de sentido, portanto é importante encontrar algo que se comunique com nosso público-alvo.

— Talvez seja importante fazer um exercício de tentar se colocar no lugar deles, fazer as perguntas que eles se fariam.

— Será que ela quer sair comigo?

— Onde será que é o banheiro?

— Qual é o público-alvo de um atirador de facas?

— Então o casal se beija no hall do hotel e caminha de braços dados, ele esporte fino, ela de tailleur.

— Acho que podemos filmar em câmera lenta.

— Diante dos olhos dos outros hóspedes, ofuscados por um casal tão belo e feliz.

— Eu e o Luiz nos conhecemos na faculdade e foi amor à primeira vista. O dia que ele me pediu em casamento parecia um sonho. Nós estamos casados até hoje, temos dois filhos e somos muito felizes. Mas a vida é sempre tão corrida que nem sempre dá tempo de dizer o quanto eu o amo, então é importante quebrar a rotina. Por isso eu sou cliente do Meu Banco. Só o Meu Banco dá crédito ilimitado, o que permite que a gente faça umas loucurinhas de vez em quando. Porque a gente merece ser feliz.

— Legal, você se importa de fazer só o finalzinho de novo um pouco mais pra cima só pra eu ter de opção pra mostrar pra agência?

— Porque a gente merece ser feliz!

— Enquanto andam no hall do hotel eles devem passar por:

— a) um menino e uma menina de seis anos de idade soltando bolas de sabão, numa imaculada sugestão de um futuro casal.

— b) um casal de idosos de mãos dadas. Obs: trata-se de dois idosos que parecem ter sido bem bonitos quando jovens.

— c) um casal de negros jovens, bonitos e bem-vestidos.

— Artigo 7, parágrafo 3: sugere-se a adoção do termo "afro-descendente" em substituição a "negro".

— A agência achou todos as fotos dos deficientes uma merda. Pede pra menina do casting mandar outras opções.

— Eles terminam de atravessar o hall do hotel e chegam à porta do restaurante.

— O maître é um sujeito alto, bonito e simpático, que poderia perfeitamente ser o namorado da garota em questão, caso fosse um pouco mais rico.

— Mesa pra dois?

— Inserir resposta com frase de efeito.

— Sobe trilha.

— Plano do produto.

— Logo e assinatura.

— Locução jovial.

— Trilha sai em fade out.

— E daí?

— Aí acabou.

— Como acabou?

— Ué, acabou. Agora está passando um de um chocolate branco com recheio de avelã e depois vai ter um de um carro esporte modelo do ano.

— Pois é, mas eles continuam ali, eu tô vendo, eles acabaram de sentar na mesa.

— Eu não posso fazer nada, minha equipe é toda sindicalizada, eu tenho horário e vou ter que liberar todo mundo.

— O cliente acabou de ligar dizendo que se o orçamento estourar a responsabilidade não é dele, e que não vai dar nenhum centavo a mais.

— Mas ainda assim eles continuam lá.

— E acho que não vão sair tão cedo, porque pediram o cardápio.

— E então, o que nós fazemos?

— Nada. Nós fizemos nossa parte. Se eles quiserem ficar é problema deles.

— Mas eles não tão vendo que já acabou? O que eles ainda têm pra falar?

8.

Irrompem ÁLVARO e JULIANA.

ÁLVARO: Daí ela falou: "Luiz Álvaro..." Eu já pensei, xiiiiii, deve tá brava, pra me chamar assim com o nome inteiro. "Luiz Álvaro, cadê aquele pedaço de bolo que eu cortei pro seu pai?" E eu "Num shei..."

Riem.

JULIANA: Ai, que fofo. Você devia ser uma criança muito fofa.

ÁLVARO: Eu era uma praga, um gordinho daqueles que não deve nada pro demônio da Tasmânia, sabe?

JULIANA: Muito fofo.

ÁLVARO: E você?

JULIANA: Ah, eu era muito tímida, bicho do mato, caipira de tudo...

ÁLVARO: Mas você não nasceu aqui?

JULIANA: Magina. Eu nasci e cresci no interior, morei lá até os 14 anos. Só vim pra cá porque meu pai foi transferido de cidade.

ÁLVARO: O que faz seu pai?

JULIANA: Fazia. Ele é falecido.

ÁLVARO: Ah, lamento...

JULIANA: Não, imagina, já faz muito tempo. Ele era advogado tributarista, sujeito sério, exigente, poucas palavras. Sabe aqueles pais bigodudos de fotografia amarela?

ÁLVARO: Sei.

JULIANA: Então. Mas aí só vim pra cá com 14 anos e fiquei de vez.

ÁLVARO: Que engraçado, eu acho tanto que você tem a cara dessa cidade, você é tão cosmopolita, tão dinâmica.

JULIANA: Devo aceitar como um elogio?

ÁLVARO: Pra mim esse é o maior elogio que existe, e eu sou exigente.

GARÇOM: Nossa carta de vinhos.

ÁLVARO: Entra, fica à vontade. Deixe eu pegar seu casaco.

JULIANA: Lindo aqui, aconchegante. E esse quadro?

ÁLVARO: Comprei numa praça na Catalunha, de um pintor local, desses de rua. Tem cores sensuais, não tem?

JULIANA: É, são bastante sensuais...

ÁLVARO: Esse *merignon pinot noir* parece bem bom.

JULIANA: Eu quero de novo.

ÁLVARO: Aposto que você nunca tomou um café da manhã como o meu.

JULIANA: Parece bom mesmo, quer pedir?

ÁLVARO: Vamos. Quer dizer, assim que eles olharem, daqui a mais vinte minutos.

JULIANA: Eu achei que fossem as mulheres que gostassem de ver esses filmes água com açúcar.

ÁLVARO: Essa é a Paula, a minha famosa prima violinista.

JULIANA: E se a gente quebrasse essa parede e deixasse a sala integrada com a cozinha?

ÁLVARO: O buffet acabou de me passar um orçamento.

JULIANA: Junta mais, senão não vai caber. Todo mundo fala xiiiiiiiiiis...

ÁLVARO: Eu confesso que tenho alguns problemas pra compreender os *couverts*. Esses antepastos não têm todos a mesma cara?

JULIANA: É isso mesmo que você entendeu, você vai ser pai.

ÁLVARO: Ele me olhou assim, tão quietinho na gaiolinha do pet shop, que eu não resisti.

JULIANA: Eu estava me sentindo muito sozinha, me perdoa por favor.

ÁLVARO: Eu te amo muito.

JULIANA: Você é incapaz de comemorar alguma conquista minha.

ÁLVARO: Você não tinha o direito de mexer nas minhas coisas...

JULIANA: Você pode buscar o Pedro no inglês?

ÁLVARO: Lembra quando nós viemos nesse restaurante pela primeira vez?

JULIANA: Meu risoto tá ótimo, quer provar?

ÁLVARO: A gente pode alugar um carro e ir descendo pelo litoral, ficando numas pousadinhas mesmo.

JULIANA: Olha como você tava magro naquela viagem pra Roma.

ÁLVARO: Ou ir descendo de barco mesmo, pela costa.

JULIANA: Você ainda é jovem, vai conseguir algum emprego melhor. A gente vai dar um jeito, meu amor...

ÁLVARO: Peço que me perdoem se me faltam as palavras, mas espero que compreendam a dor de ver partir a minha companheira nesses 65 anos.

JULIANA: Restaurante mil por cento aprovado.

ÁLVARO: Desculpa interromper, eu sei que a festa tá boa, mas eu queria ler algumas palavras pra vocês e pra essa mulher com quem eu quero passar toda a minha vida.

JULIANA: EU QUERO QUE VOCE SAIA DESSA CASA AGORA!

ÁLVARO: Um táxi que transporta o amor da minha vida.

JULIANA: Quando seu pai tinha a sua idade, ele adorava esses filmes água com açúcar.

ÁLVARO: FALA PRA AQUELE MERDA DO SEU ADVOGADO TOMAR NO OLHO DO CU DELE!

JULIANA: Deita aqui, larga de ser manhoso.

ÁLVARO: É um quadro de um pintor catalão, desses de rua.

JULIANA: Uma água sem gás com uma rodela de limão, por favor.

ÁLVARO: Ouvi falar super bem desse restaurante. Topa?

JULIANA: Eu não consigo lembrar quem eu era antes da gente começar.

ÁLVARO: Você quer sobremesa?

JULIANA: Não, tô satisfeita.

GARÇOM: Com licença, gostaria de saber se tem mais algum pedido, porque depois que o show se inicia, a cozinha fecha.

9.

Irrompe o COMEDIANTE STAND UP.

COMEDIANTE: Boa noite.

Isso nunca me aconteceu antes.

Isso não é uma piada.

Eu acordei e fiz tudo que costumo fazer.

Nenhum item a mais ou a menos.

Nenhuma oscilação ou hesitação até o momento.

Mas agora, isso.

Eu tinha um número ótimo sobre filas de banco,

embalagens de preservativos,

motéis para cachorro,

ditos populares anacrônicos como "quando casar, sara",

pessoas que entram no elevador e só sabem dizer que está quente ou frio, seco ou chovendo.

Eu seria capaz de fazer vocês morrerem de rir.

Mas não.

Eu só consigo pensar naquele homem.

Um homem que come, sozinho, no meio da tarde, dentro do café de uma livraria.

A maneira vagarosa como esse homem tira, com o garfo, o excesso de escondidinho de carne seca que pousa na sua faca.

É um movimento lento e repetitivo, dentro do qual cabe um oceano de pensamentos.

Os pensamentos insondáveis desse homem.

O único ocupante de uma mesa para seis pessoas.

Ele é careca e usa pulôver azul.

Esse homem está só, e eu sinto pena.

Eu sinto raiva desse homem, porque ele me faz sentir pena.

Num lance de patética ironia, começa a tocar no som ambiente da livraria uma versão lounge cool remix de "Eleanor Rigby".

De onde é que não vêm as pessoas solitárias?

Daqui, de onde eu olho, parece óbvio que a quase totalidade dos projetos que esse homem teve na vida não chegaram a um bom termo, a um lugar minimamente satisfatório.

Eu sinto um violento impulso de sentar à mesa com esse homem e perguntar se ele já reparou como os apresentadores de televisão, os cantores sertanejos, os caixas de banco, os jogadores de futebol,

se ele já se deu conta de que os porteiros dos prédios, os livros de autoajuda, os trabalhadores da construção civil, a sua avó,

se você já notou como aos domingos, como no Réveillon, como às segundas-feiras, como nos fins de
tarde...?

Porque se ele já reparou, se em algum momento de
nossas trajetórias, sem que sonhássemos conhecer-
mos um ao outro, tivemos alguma exata mesma
percepção sobre algum assunto qualquer, então não
seremos mais dois homens sozinhos no café numa
quarta à tarde.

Ou,

exatamente o contrário,

é precisamente esse breve momento de exceção
que confirma nossa real condição

de

homens-ilhas.

Ele se levantou, num gesto que revelou um ímpeto
improvável.

Nem terminou de comer.

Partiu.

Fiquei eu,

só,

experienciando o desespero metafísico e intraduzí-
vel de

não

ter ouvido

a voz

desse homem.

A voz de alguém que diz: "Boa tarde"

"Com licença"

"Não foi isso que nós combinamos!"

ou

"Tchau."

Vocês já repararam como sempre que você é o próximo na fila do banco, o caixa demora uma eternidade?

— Quer saber o que eu acho?

— Posso falar uma coisa?

— Na minha opinião...

— Eu particularmente acredito...

— Eu acho que sim.

— Eu acho que não!

— Escuta o que eu tô te falando.

— Eu vou ser muito sincero com você!

— Isso não sou nem eu que tô dizendo...

— Aí vai de cada um.

— Agora, tem uma coisa que precisa ser dita:

— Todo mundo quer ter voz.

10.

Irrompe o MEDIADOR.

MEDIADOR: Sem dúvida, um assunto polêmico. Para discutir esse e outros assuntos, temos esta noite em nossos estúdios a presença de Gastão Andrade, professor doutor em Teoria da Comunicação pela Universidade de Bruxelas. Temos também a presença de Emílio Magalhães, cientista político, professor titular da Universidade de Nova Friburgo. Completando nossa mesa temos a ilustre presença de Carlos Eduardo Courbin, filósofo e articulista, autor do recém-lançado *Palavras pontiagudas*. Eu gostaria de começar com você, Carlos Eduardo: quais são as suas considerações iniciais?

CARLOS EDUARDO: Eu gostaria de começar dizendo que eu não sou Carlos Eduardo Courbin. Meu nome, na realidade, é Átila Bulhões e eu sou jogador de pôquer.

MEDIADOR: [*constrangido*] Meu caro Átila, queira desculpar nosso deslize. E nossas desculpas também ao caro telespectador. Bem, você dizia...

ÁTILA: Bem, no meu último torneio, em Fort Lauterdale, eu vivi uma situação curiosa...

GASTÃO: Deve haver algum engano!

MEDIADOR: Gastão...

GASTÃO: Na realidade, eu sou Átila Bulhões, e sou fiscal da receita federal.

MEDIADOR: O que você tem a dizer, Emílio?

EMÍLIO: Prenda estes impostores! Eu sou Átila Bulhões, técnico em computação.

MEDIADOR: Como sempre, a polêmica vai dando o tom do debate. Para participar dessa conversa, ligue para o telefone que aparece em seu vídeo. [*põe a mão no ouvido, como quem tenta ouvir o que se diz no ponto eletrônico*] Um instante. Bem, acabo de receber a informação de que, na realidade, eu sou Átila Bulhões, e é estranho que esteja apresentando este programa posto que sou um famoso escultor. Mas como o tempo é escasso, vamos atender a ligação de nosso espectador.

ESPECTADOR: Olá, boa noite!

MEDIADOR: Boa noite.

ESPECTADOR: Eu sou antropólogo e gostaria de informar que Átila Bulhões é uma das designações que as civilizações ameríndias têm para Deus.

MEDIADOR: Obrigado ao nosso espectador. Átila, o que você acha disso?

ÁTILA (EX- GASTÃO): Veja, Átila, parece ser um assunto complicado.

MEDIADOR: Sem dúvida, um assunto complicado. Num oferecimento do vinho do Porto Átila Bulhões. Sabor inconfundível. Átila, você dizia?

ÁTILA (EX-EMÍLIO): Fiquei sabendo ontem, através de meu filho pré-adolescente, que Átila Bulhões é a gíria para definir as meninas que já deram o primeiro beijo.

ÁTILA (EX-CARLOS EDUARDO): A informação que chegou a mim é a de que Átila Bulhões é um movimento artístico encabeçado por cineastas belgas, que tinha entre seus preceitos básicos a recusa da espetacularização da vida cotidiana.

MEDIADOR: E atenção, senhoras e senhores. Nossa produção acaba de receber uma ligação extraordinária do verdadeiro Átila Bulhões, que disse estar furioso e a caminho do nosso estúdio, onde pretende, abre aspas, esclarecer de uma vez por todas essa pantomima desvairada, fecha aspas, e exigiu que não se falasse mais o seu nome nesse programa até que ele chegue, ameaçando processar nossa emissora caso a exigência não seja atendida. Assim sendo, pedimos a sua paciência, estimado espectador. Só nos resta esperar.

Pausa de um minuto e meio que passa pelos seguintes estágios: constrangimento, acomodação, impaciência, desconforto, culminando numa profunda vontade de rir, segurada pelos quatro integrantes da mesa.

MEDIADOR: Estão pensando o mesmo que eu?

Todos pegam pequenos pedaços de papel e distribuem os papéis entre si. Cada um deles lambe o pedaço de papel recebido e o afixa em sua respectiva testa.

MEDIADOR: Começamos com você, Átila.

ÁTILA (EX-EMÍLIO): Ahn... Eu sou real?

TODOS: Não.

ÁTILA (EX-EMÍLIO): Merda.

ÁTILA (EX-CARLOS EDUARDO): Eu sou humano?

TODOS: Não.

MEDIADOR: Eu estou vivo?

TODOS: Sim.

MEDIADOR: Eu sou real?

TODOS MENOS ÁTILA (EX-GASTÃO): Não.

ÁTILA (EX-GASTÃO): Como assim não é real? É claro que é!

ÁTILA (EX-EMÍLIO): Evidente que não!

MEDIADOR: Sou ou não sou?

ÁTILA (EX-GASTÃO): Não, você não é real.

MEDIADOR: Ok. Então é a sua vez.

ÁTILA (EX-GASTÃO): Bem, eu sou real?

TODOS: Sim.

ÁTILA (EX-GASTÃO): Eu estou vivo?

TODOS: Sim.

ÁTILA (EX-GASTÃO): Todos nessa mesa me conhecem?

TODOS: Sim.

ÁTILA (EX-GASTÃO): Está esquentando. Deixa ver... Eu estou nessa mesa?

TODOS: Sim.

ÁTILA (EX-GASTÃO): Vou arriscar.

MEDIADOR: Lembrando que agora você tem direito a três palpites e mais nenhuma pergunta. Se acertar num dos três palpites, ganha. Se errar, está eliminado.

ÁTILA (EX-GASTÃO): Eu sou... o fim das utopias?

TODOS: Não.

ÁTILA (EX-GASTÃO): Então eu sou o estruturalismo russo?

TODOS: Não!

MEDIADOR: Lembrando que resta apenas mais uma chance.

ÁTILA (EX-GASTÃO): Ah, meu Deus. Então eu sou... eu sou... bem, eu sou real, eu estou vivo, todos vocês me conhecem, eu estou nessa mesa... [*eureka*] Então eu sou Átila Bulhões!

TODOS: EU SOU ÁTILA BULHÕES!

MEDIADOR: Sem dúvida, um assunto muito polêmico. Enquanto isso, escrevam para o nosso correio eletrônico, contando: quem foi o grande amor de sua vida?

11.

Irrompe o CARA.

CARA: Ana.

Ana não.

Lívia.

Lívia de biquíni.

Lívia com umas pelancas escapando pela saia

na foto dum ano novo em Ubatuba.

Não.

Marília.

Ela tem uma tatuagem de coisas escritas em japonês nas costas, aqui na lombar, mas não é japonesa.

Tem os olhos pequenos, um piercing de argola no nariz e um corpo mignon bem desenhado.

Está muito quente esta tarde, mais quente do que de costume. Quer tomar uma breja? Meu pai compra um monte, ele nem vai perceber. *Meu, cê é muito louco! Por isso que vai mal na prova, olha como você estuda!* E então, quer ou não quer?

O ombro aparece, mostrando a alça do sutiã.

Faz que sim com a cabeça.

Vou pegar pra gente. Já volto.

*

PSEUDOTEÓRICO: Durante muitos anos acreditou-se que essa prática poderia causar alguns efeitos corporais nocivos, como aparecimento de calos na mão, perda de fertilidade e outros...

*

MECÂNICO: É, dona, parece que o problema é mesmo no radiador da biela, ali no frenol da pastilha.

GOSTOSONA: Ai, moço, por favor, me ajuda, esse carro é do meu marido, ele vai me matar. [*lânguida*] Eu faria qualquer coisa pra resolver esse problema. Será que não tem jeito mesmo?

MECÂNICO: Bom, nesse caso, acho que tem um jeito.

PSEUDOTEÓRICO: ...mas muito arraigados no imaginário de uma sociedade com moralidade eminentemente religiosa.

*

CARA: Eu tô nervosa.

A boquinha entreaberta.

Eu dou um beijo na nuca e vou descendo a mão lentamente pelo corpo dela, chego naqueles peitinhos.

Ela beija meu pescoço, minha orelha e sussurra no meu ouvido:

"Sou virgem."

Eu puxo ela com força contra o meu corpo e...

Não.

*

APLICADOR DO TESTE DO SOFÁ: Shirley, quantos anos você tem?

ASPIRANTE A ATRIZ: Dezenove.

APLICADOR DO TESTE DO SOFÁ: E seu sonho é ser atriz e modelo, é isso?

ASPIRANTE A ATRIZ: Isso.

APLICADOR DO TESTE DO SOFÁ: E você já fez algum trabalho com nu?

*

PSEUDOTEÓRICO: O termo onanismo tem sua origem na bíblia através de Onan, que, durante um intercurso, praticou o coito interrompido e, com isso, foi condenado à danação milenar, por não seguir o preceito do crescei e multiplicai-vos.

*

CARA: Quer subir pro meu apartamento?

Nossa, que pegada louca.

                                Isso, me fode, me fode gostoso.

Uau, seu pau é enorme.

                                                            Não.

*

PSEUDOTEÓRICO: Nessa interpretação, morrem muito mais vidas ao término de uma masturbação do que pessoas em toda a Segunda Guerra Mundial.

*

*A e B caminham até um(a) espectador(a) e falam direta-
mente para ele(a), olhando em seus olhos.*

A: Um entregador leva a pizza para uma dona de
casa solitária de seios fartos. Quando abre a caixa da pizza, vê-se o enorme pênis ereto do entregador, através de um orifício feito na caixa.
Eles fodem.

B: Dois homens musculosos passeiam com uma
van por uma grande cidade. No caminho, recru-
tam garotas que estão interessadas em ganhar
algum dinheiro como atrizes. Eles fodem.

A: Duas mulheres esculturais seminuas despem-
-se para a câmera e fodem.

B: Uma jovem imigrante do leste europeu precisa conseguir o *green card* e um jovem forte e
musculoso que trabalha no setor de imigração
só conhece um jeito de ajudá-la: eles fodem.

*

PSEUDOTEÓRICO: ...que visa a satisfação imediata dos instin-
tos primitivos.

Colapso da linguagem: dança convulsiva até a exaustão.

— Gozando:

— eu sou um homem bonito,

— o mundo é um lugar bom e acolhedor,

— eu vou ter filhos bonitos e justos e vou deixar uma marca no mundo.

— Eu fazendo coisas de valor,

— eu numa foto com aquele presidente de multinacional,

— eu ganhando um prêmio muito importante diante de uma plateia seleta.

— O sol quente nas águas correntes de uma cachoeira,

— as palavras milimétricas dos poetas geniais, capazes de descrever sentimentos não catalogados,

— uma sensação pura de amor e completude.

— Eu mesmo, na hora de minha morte, e é um momento absolutamente sereno, não porque me venham à mente frases de efeito que resumam o sentido da vida, mas porque sou totalmente invadido por uma infalível paz metafísica, quietude serena, uma sensação de perenidade e de que não existe desamparo, e de que foi lindo viver, e de que tudo é mesmo muito bonito.

Respiração longa e profunda.

— Pós-coito:

— que horas são?

— caralho, sujei tudo!

— cadê minha camiseta?

— que horas são?

— este quarto está imundo.

— eu preciso limpar essa merda.

— isso não foi nada.

— está muito frio aqui.

— minha vida não seria assim se eu tivesse alguém.

— onde foi que respingou essa merda?

— eu preciso muito de grana.

— caralho, eu tô atrasado.

— eu tô fodido.

— eu preciso dar um jeito na minha vida.

— eu tô muito atrasado!

— eu vou perder esse emprego.

— eu preciso chamar um táxi.

12.

Um táxi?

Um táxi vazio?

Não.

Era um táxi vazio, mas eu entro no táxi e ele passa a ser o táxi que está me levando para o trabalho.

Para um lugar onde eu cumpro minha função social, onde eu contribuo para que a vida de outras pessoas que eu não conheço, nem conhecerei, seja melhor.

O prédio onde eu trabalho, localizado num bairro que está localizado numa cidade dentro de um estado, dentro de um país, dentro de um continente, dentro de um hemisfério, dentro de um planeta, dentro de uma galáxia.

Uma galáxia entre outras, infinitas.

O motorista que me leva e suas histórias que eu não conheço.

Um filho que teve meningite?

O pai que roubou dinheiro do irmão?

Uma prima por quem ele foi apaixonado?

O motorista e eu, dois desconhecidos, dentro do mesmo táxi.

O táxi e sua função social de levar as pessoas aos lugares e fazer com que elas cheguem inteiras aonde pensam que querem.

Um táxi e sua função de levar pessoas aos lugares que parecem os mais indicados para o seu projeto de felicidade possível dentro do mundo que habitam.

Um táxi com um motorista que já levou um cientista ao seu laboratório, onde ele descobriu uma terapia revolucionária que significou a erradicação de uma doença grave.

Um táxi que já levou um cara pra casa da ex-namorada, a quem ele esquartejou.

Eu estou dentro do táxi e só o que existe é o que vejo.

Eu estou dentro do táxi, e, dentro de mim, existe o mundo todo.

Pessoas como táxis.

Hospedeiros.

BLECAUTE.

A invenção do teatro

No século passado, em algum momento, se o Vinicius Calderoni mostrasse essa peça a algum diretor de teatro, ou mesmo a um ator, mais ainda a um produtor, ia ouvir dele "que peça louca essa, Vinicius".

Em que momento deixaria de ouvir isso?

Não sei o que Valle-Inclán ouviu, em 1924, quando mostrou sua peça *Luces de Bohemia* aos artistas de teatro do seu tempo. Boa coisa não foi, tanto que a peça, sua obra-prima, só foi encenada pela primeira vez nos anos 1960. E ainda assim na França, não na sua Espanha. Por outras razões, razões políticas (que razões não são políticas?), Oduvaldo Vianna Filho, o Vianinha, ouviu alguma coisa parecida, nos anos 1960, quando mostrou a seus pares *Moço em estado de sítio*. Tanto que, pouco depois, quando escreveu *Mão na Luva*, já estava escaldado e não mostrou a ninguém. Guardou na gaveta e deixou pra lá.

Alguém pode me dizer: ah, depois dos anos 1950 ninguém podia estranhar mais nada (não nem nada). Já existia o Beckett, que escreveu *Ato sem palavras* por essa época, logo tudo era possível. Não é assim que toca a banda, eu digo, nem na terra dele, Beckett, quanto mais por aqui. Mas pelo menos essa observação pode dar uma pista para tentar uma breve história das reações assustadas aos textos teatrais ou, em termos mais acadêmicos, uma breve história da nova dramaturgia.

Vou logo avisando que é uma história como a história é. Isto é, não bastou um engenheiro inglês inventar uma primeira máquina a vapor para um historiador ao lado dele dizer, pronto, começou a revolução industrial.

Então, com esse cuidado, começo minha história em 1927, com o primeiro filme falado (*The Jazz Singer*). Não custou muito e Noel Rosa cantou que o cinema falado foi o grande culpado da transformação. Claro, Noel não estava falando de teatro, então sua percepção não nos serve neste caso. Mais ou menos na mesma época, um jovem alemão, Eugene Bhertold (mais tarde Bertolt) Brecht escrevia suas primeiras peças e aos poucos ia se dando conta de que elas não iam caber mais naquele barracão. Ou seja, vou de Brecht, antes de ir de Beckett, para encontrar o começo dessa história, mesmo que assim ela custe um pouco mais de tempo para chegar aqui (e alhures).

Não é este o lugar para acompanhar passo a passo o que se segue, Artaud redefinindo o lugar da palavra, os autores do assim chamado teatro do absurdo etc. etc.

Mas é indispensável puxar para a cena a iniciativa dessa mudança que depois se daria no texto. Alguns críticos chamaram a isso de "era dos encenadores", o que me parece uma simplificação. Mas, de fato, a quebra dos limites do palco realista teria que acontecer no próprio palco, com os construtores da cena. O cinema, mostrando todas as possibilidades da imagem, escancarou os limites estreitíssimos do palco "real", figurativo. Então, os que cuidam da cena começaram por desprezar as cenografias realistas, que – suprema deformação – eram impostas até ao texto aberto, livre, das peças de Shakespeare. Em Shakespeare, ou seja, no teatro, a imaginação (*imaginatio-onis*); no cinema, a imagem (*imago-ginis*). Imaginação é a palavra-chave para a ampliação até o infinito da poética do palco.

Então...

Depois de outra vez aberto o palco à imaginação — o que teve quem chamasse de queda da quarta parede, quando talvez o mais certo seria chamar de queda de todas as paredes —, caberia aos autores desfrutar com novos textos – nova dramaturgia – da nova poética da cena.

Ao romper os limites da cena figurativa, essa nova dramaturgia também encontra os caminhos para avançar além dos limites literários. Ela descobre suas possibilidades épicas/narrativas, poéticas, ensaísticas, descritivas... A palavra dramática se expande, enfim.

***

Um ator ou um produtor recebe hoje, então, a peça *Não nem nada*, de Vinicius Calderoni. Ou um diretor, eu. Abro e começo a ler.

Tão teatral quanto uma personagem de Ibsen (Oswald, de *Espectros*?), uma personagem/narradora de Vinicius diz:

... uma foto minha recebendo o carinho de amigos na minha estreia como atriz nos palcos... pairando acima de nossas cabeças: a morte.

Ou, mais adiante, ouço ecos de Claudio, de *Hamlet*:

O apresentador me entrega o disco de platina. Eu me vejo refletida na imagem distorcida da superfície do disco. É o rosto de um monstro.

Passo de textos narrativos a dialógicos.

Lembro de diálogos labirínticos do extraordinário Flávio Márcio de *Réveillon*, de *O homem que viu o disco voador*, que tanto ousou nos anos 1970, 1980, ao ler até onde chegaram os diálogos de *Não nem nada*:

Porque você pode ser um yakissoba de legumes não tira uma foto pelada e um suco de goiaba light e me manda?

Mas não faltam diálogos diretos (e surpreendentes na sua objetividade), no teatro do assombro de Calderoni.

Paciente — Isso que o seu assistente está mastigando é um pedaço do meu rim?
Médico — É um procedimento de rotina. Você dizia?

Acompanho a metafísica de *Não nem nada* (com ressonâncias poéticas de Pessoa) no monólogo que fala do homem que come, sozinho, no meio da tarde, dentro do café de uma livraria.

Percebo os ritmos, a síntese: toda a peça que cabe, por exemplo, no diálogo vertiginoso de Álvaro e Juliana. Daí podem sair dinastias de Henriques shakespearianos (agora louco é você, vão me dizer; e eu: estou no campo das possibilidades, ali estão possibilidades infinitas).

***

Comecei falando do século passado. Mas como a invenção do teatro ainda está em curso, o Vinicius pode mostrar neste século, hoje, ou pode mostrar ainda amanhã essa peça e ouvir: "Que peça louca, Vinicius".

Pois aqui entra a melhor parte. O Vinicius não precisou mostrar a ninguém essa peça para pedir que fosse montada. Ele montou. Ele é grego, como Ésquilo. E essa é outra versão da história da nova dramaturgia, que pode começar antes, bem antes do cinema falado, antes de Beckett, antes de Brecht e até antes de Shakespeare (o inventor da imaginação).

Pode começar com os diretores de teatro gregos, como sempre me referi a Sófocles, Ésquilo, Eurípides, puxando a brasa pra minha sardinha (a história dos encenadores).

Florence Dupont, professora emérita da Université Paris Diderot, diretora de programa no College International de Philosophie, especialista em etnopoética dos teatros antigos, ensina com erudição o que podia ser, no meu caso, só dedução e irresponsabilidade. Ela refuta a tese corrente de que Ésquilo foi o primeiro autor de teatro. Diz Florence Dupont: "Ora, Ésquilo não pode ter sido o primeiro autor de teatro porque ele não era nem o primeiro, nem um autor, nem um autor de teatro. (...) Ésquilo não podia ser autor de um teatro que não existia. Nem era um autor. O termo autor pressupõe que Ésquilo teria escrito peças de teatro, textos que existiriam por eles mesmos, legíveis como discursos de um sujeito único, Ésquilo, que em seguida seriam encenados. Essa é uma visão errada do funcionamento dos concursos trágicos atenienses: o texto não precede uma encenação, é o contrário."

71

Ou seja, o que acontecia era que uns diretores/encenadores gregos juntavam seus grupos, isto é, seus *chorus*, que podiam ter de 12 a 50 cidadãos, e ensaiavam essa moçada para dançar e cantar suas músicas e seus versos. Tanto o grupo era ensaiado para apresentar ditirambos (quando dançavam em círculo, sem máscara), como para apresentar tragédias (com máscaras e sem evoluções circulares). Porque ensaiavam os coros, esses que hoje são chamados de autores gregos, eram na verdade os *chorodidaskalos*. Isto é, seria muito mais justo considerar esses caras como antepassados dos que hoje são os encenadores. Claro, os encenadores gregos também escreviam seus textos. No que foram seguidos por Molière, Shakespeare, Domingos, Mouawad, Pommerat... Vinicius Calderoni.

Aqui, a história da nova dramaturgia resplandece (nunca pensei que ia encontrar um lugar para colocar essa palavra do hino nacional!). Um autor e diretor de teatro tem o palco e o texto na mão para avançar na invenção do teatro, rumo ao teatro ilimitado.

Aderbal Freire-Filho

© Editora de Livros Cobogó
© Vinicius Calderoni

Editora-chefe
Isabel Diegues

Editora
Mariah Schwartz

Gerente de produção
Melina Bial

Revisão final
Clarisse Cintra

Projeto gráfico e diagramação
Mari Taboada

Capa
Laura Del Rey

CIP-BRASIL. CATALOGAÇÃO-NA-FONTE
SINDICATO NACIONAL DOS EDITORES DE LIVROS, RJ

Calderoni, Vinicius
C152n   Não nem nada / Vinicius Calderoni. - 1. ed. - Rio de Janeiro : Cobogó, 2017.

80 p. (Dramaturgia)

ISBN 978-85-5591-031-9
1. Teatro brasileiro (Literatura). I. Título. II. Série.

17-42917   CDD: 869.92
                                                CDU: 821.134.3(81)-2

Nesta edição, foi respeitado o Acordo Ortográfico da Língua Portuguesa de 1990, que entrou em vigor no Brasil em 2009.

Todos os direitos em língua portuguesa reservados à
Editora de Livros Cobogó Ltda.
Rua Jardim Botânico, 635/406
Rio de Janeiro – RJ – 22470-050
www.cobogo.com.br

Outros títulos desta coleção:

ALGUÉM ACABA DE MORRER LÁ FORA, de Jô Bilac

NINGUÉM FALOU QUE SERIA FÁCIL, de Felipe Rocha

TRABALHOS DE AMORES QUASE PERDIDOS, de Pedro Brício

NEM UM DIA SE PASSA SEM NOTÍCIAS SUAS, de Daniela Pereira de Carvalho

OS ESTONIANOS, de Julia Spadaccini

PONTO DE FUGA, de Rodrigo Nogueira

POR ELISE, de Grace Passô

MARCHA PARA ZENTURO, de Grace Passô

AMORES SURDOS, de Grace Passô

CONGRESSO INTERNACIONAL DO MEDO, de Grace Passô

IN ON IT | A PRIMEIRA VISTA, de Daniel MacIvor

INCÊNDIOS, de Wajdi Mouawad

CINE MONSTRO, de Daniel MacIvor

CONSELHO DE CLASSE, de Jô Bilac

CARA DE CAVALO, de Pedro Kosovski

GARRAS CURVAS E UM CANTO SEDUTOR, de Daniele Avila Small

OS MAMUTES, de Jô Bilac

INFÂNCIA, TIROS E PLUMAS, de Jô Bilac

NEM MESMO TODO O OCEANO, adaptação de Inez Viana do romance de Alcione Araújo

NÔMADES, de Marcio Abreu e Patrick Pessoa

CARANGUEJO OVERDRIVE, de Pedro Kosovski

BR-TRANS, de Silvero Pereira

KRUM, de Hanoch Levin

MARÉ/PROJETO bRASIL, de Marcio Abreu

AS PALAVRAS E AS COISAS, de Pedro Brício

MATA TEU PAI, de Grace Passô

ÃRRÃ, de Vinicius Calderoni

JANIS, de Diogo Liberano

COLEÇÃO DRAMATURGIA ESPANHOLA

A PAZ PERPÉTUA, de Juan Mayorga
Tradução Aderbal Freire-Filho

APRÈS MOI, LE DÉLUGE (DEPOIS DE MIM, O DILÚVIO), de Lluïsa Cunillé
Tradução Marcio Meirelles

ATRA BÍLIS, de Laila Ripoll
Tradução Hugo Rodas

CACHORRO MORTO NA LAVANDERIA: OS FORTES, de Angélica Liddell
Tradução Beatriz Sayad

DENTRO DA TERRA, de José Manuel Mora
Tradução Roberto Alvim

MÜNCHAUSEN, de Lucía Vilanova
Tradução Pedro Brício

NN12, de Gracia Morales
Tradução Gilberto Gawronski

O PRINCÍPIO DE ARQUIMEDES, de Josep Maria Miró i Coromina
Tradução Luís Artur Nunes

OS CORPOS PERDIDOS, de José Manuel Mora
Tradução Cibele Forjaz

CLIFF (PRECIPÍCIO), de Alberto Conejero López
Tradução Fernando Yamamoto

2017

1ª edição

Este livro foi composto em Univers.
Impresso pelo Grupo SmartPrinter
sobre papel Polen Bold LD 70g/m².